丝绸之路

钱币日记

徐宏宪 编写

雷涛题

陕西出版传媒集团
陕西人民美术出版社

奄
蔡
咸海
康
欧洲
黑海
里海
大秦
（古代罗马）
大月
安塔基亚
安条克
大夏
地中海
安息
（帕提亚）
条支
亚
亚历山大
阿拉伯
洲

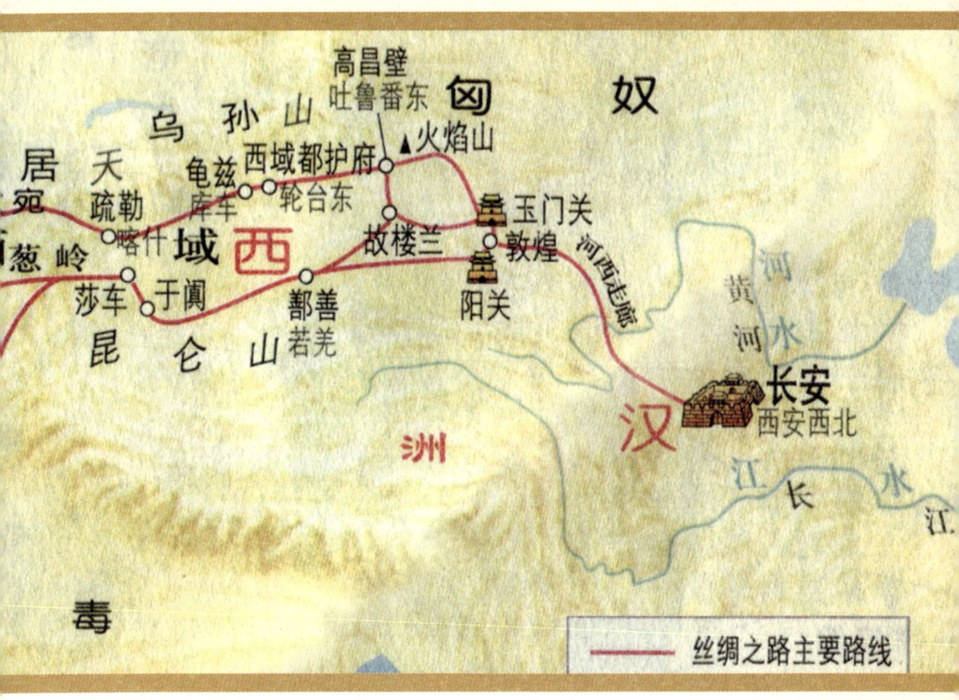

丝绸之路，一如丝带般横亘时空，阅尽沧桑，迤逦未断。它串起了沿线无数的名山胜水、戈壁烽燧、荒城绿洲，而多少历史人物、云烟往事，亦俱在其中。当19世纪德国地理学家李希霍芬第一次使用“丝绸之路”来命名中国西部通往欧洲的贸易线路后，此条丝路，愈为世人所知。当今，在习近平主席提出建设“丝绸之路经济带”的伟大构想及中国政府的大力推动下，它再度成为显学，举世知闻。

习近平总书记讲话（摘录）

2013年12月30日，在中共中央政治局第十二次集体学习时强调指出："要系统梳理传统文化资源，让收藏在禁宫里的文物、陈列在广阔大地上的遗产、书写在古籍里的文字都活起来。"

在哈萨克斯坦纳扎尔巴耶夫大学演讲："2100多年前，中国汉代的张骞肩负和平友好使命，两次出使中亚，开启了中国同中亚各国友好交往的大门，开辟出一条横贯东西、连接欧亚的丝绸之路。我的家乡陕西，就位于古丝绸之路的起点。站在这里，回首历史，我仿佛听到了山间回荡的声声驼铃，看到了大漠飘飞的袅袅孤烟。这一切，让我感到十分亲切。"

在哈萨克斯坦纳扎尔巴耶夫大学演讲："为了使我们欧亚各国经济联系更加紧密、相互合作更加深入、发展空间更加广阔，我们可以用创新的合作模式，共同建设'丝绸之路经济带'。这是一项造福沿途各国人民的大事业。"

前言

自公元前两千年以来，世界上出现了多个文明中心，如东亚的中国，地中海沿岸的希腊、罗马，南亚次大陆的印度，西亚的波斯等。在这些文明的覆盖下，不同国家、地域的经济文化都在向前发展，而作为一般等价物的货币，也纷纷在各地出现。随着万里“丝绸之路”的开通，各国、各地区的货币，也伴随着物流、人流在流动，并有力地促进了东西方贸易和丝路沿线各国、各地区经济文化的发展。这些分属不同时代、不同国家和地区的货币，它们承载着厚重的历史，弥补了文献记载的缺失。如巴克特里亚、安息、嚈哒、贵霜、萨珊等古老王朝发行的各种钱币，就有助于对其历史文化的研究、考据。币面上一个个精雕细琢的国王头像，如同这些国家的“皇家相册”，留下帝王风采的同时也具有证史的功能。它们承载着不同的价值观念，如“王中王”“唯一真神”之类的铭文，以及风格各异的装饰纹样既是对君王历史地位的评价，又展现出不同的艺术风格和审美理念。货币的交流体现了文化的交流、情感的交流、民族精神的交流。这对于增进各国、各地区、各族人民之间的相互了解和加深友谊，都具有积极作用。

由于年代久远，发行这些货币的国家与地区，存废时间与管辖范围不一，货币的发行量也相差甚远，有些货币未能留存下来，而留存者也往往成为旷世绝品，极为罕见。所以，搜集和保存这些珍贵的货币，就具有极大的难度。这些能代表丝路货币基本风貌的各国货币，其时代从公元前的古希腊、罗马，到近代的阿富汗、伊朗王国、不列颠东印度公司，纵贯数千年；地域上从欧洲地中海沿岸到与中国西部、北部毗邻的伊朗高原和蒙古高原，横跨数万里。它以时间为纵轴、以地域为横纬，串起了“丝绸之路”沿线各国、各地区、各历史时期的人文背景，展现了绚丽多彩的货币文化，映照出“丝绸之路”的历史辉煌。

今天，我们将搜集和拍摄的各国货币图片结集出版，以飨广大读者。眼前这些或斑驳或灿烂的丝路金泉，将引领我们追寻那些逝去的历史和精神财富，激励今天的人们，为习近平总书记提出的“丝绸之路经济带”的战略构想而不懈努力!

目 录

古希腊开打制贵金属货币的先河

古希腊（约前800—前146）是西方文明的发源地，包括巴尔干半岛南部、爱琴海诸岛、小亚细亚西部、地中海西部和黑海沿岸的一些地方。公元前三千年，这里产生了克里特文明。公元前8世纪，希腊城邦兴起，产生了光辉灿烂的希腊文化。公元前4世纪晚期，来自巴尔干半岛的马其顿王国控制了希腊诸邦，从此开始了古希腊历史上的马其顿统治时代，之后马其顿王朝统治势力向东扩展，深入到南亚、中亚等地区，希腊文明随之传播。

公元前7世纪，希腊城邦便开始打制琥珀金币，最初的图案多是动物形象，贵金属作为流通等价物自此开始。希腊金银币后来多以希腊神话中的人物肖像作为纹饰，将高度发达的希腊文明留在了不易磨损的金属钱币上。

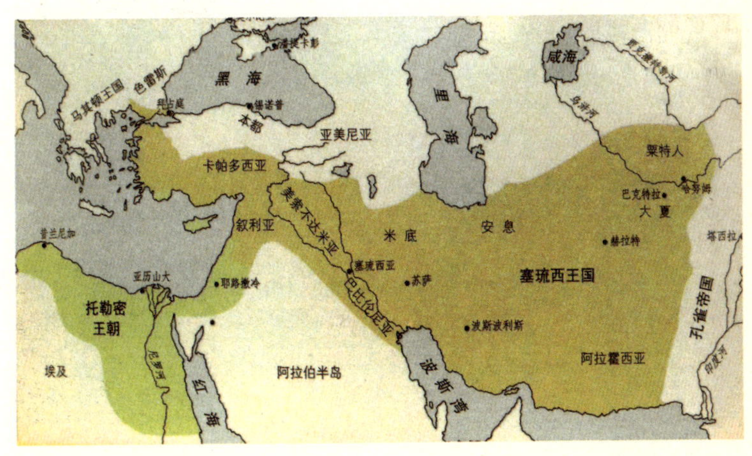

古希腊疆域示意图

古希腊钱币上的肖像

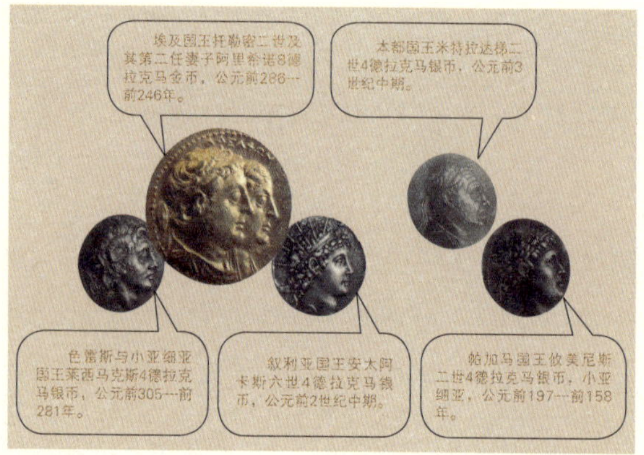

打压法制币

和东方铸造加工钱币的工艺完全不同，西方钱币是以打压法制作，古希腊、罗马、印度以及阿拉伯地区等均属此类钱币体系。打压法对金属材料选择可以多样化，并且能利用金、银、铜材质的良好延展性压制出精美的浮雕图像。这些打压在钱币上的王像、文字、徽记、宗教符号和图纹，为我们的丝路研究留下了大量的文化信息。

琥珀金

它是一种天然的金银合金，金银比例约为3∶1，金银合成后呈琥珀色，故名琥珀金。研究表明，当时琥珀金的用途可能是祭祀和作为珍贵的礼物送给属下。

☀ ☁ 💧 ❄ · DATE · / / /

古希腊　银币

亚历山大大帝和雅典王国 银币

☀ ☁ 💧 ❄ · DATE · / / /

埃及国王托勒密二世及其第二任妻子阿里希诺8德拉克马　金币

帕加马国王攸美尼斯二世4德拉克马 银币

从罗马帝国到拜占庭帝国

古罗马城邦创立于公元前8世纪中叶，公元前1世纪前后扩张成为横跨欧、亚、非三洲，称霸地中海的庞大帝国。帝国前期政治稳定，经济繁荣，不断扩张，图拉真皇帝在位时期疆域达到全盛，控制了大约590万平方千米的土地，是世界古代史上最大的君主制国家之一，中国史称“大秦”。帝国后期分裂为东、西罗马，东罗马即拜占庭帝国，中国史称“拂菻”。

古罗马货币从恺撒大帝开始发行金币“奥勒斯”，到戴克里先皇帝进行币制改革，发行“索里得”金币，其钱币形制变化不大。钱币正面为穿戴盔甲的皇帝半胸侧面像，手执标枪和盾牌；背面为胜利女神像。直到拜占庭皇帝阿纳斯塔修斯一世实行币制改革，形成了独具特色的拜占庭币。后来的钱币正面，一般是穿袍服的正面皇帝像，手上执有十字架的权杖；背面有天使和立有十字架的多层祭坛。改革后的金币大都采用希腊文和拉丁文两种文字，这种形制的金币一直延续了350年。

古罗马斗兽场

罗马帝国（约前27—395）

古罗马，通常指从公元前9世纪初在意大利半岛中部兴起的文明古国，历经罗马王政时代、罗马共和国，到公元1世纪前后扩张成为横跨欧洲、亚洲、非洲，称霸地中海的庞大罗马帝国。传说公元前753年，罗慕路斯在台伯河畔建罗马城，开创了王政时代。到395年，罗马帝国分裂为东、西两部，西罗马帝国亡于476年，而东罗马帝国即拜占庭帝国，则在1453年被奥斯曼帝国所灭。

共和时代古罗马钱币的正面，还沿用希腊神祇头像做纹饰，公元前44年恺撒大帝将自己的头像搬上了钱币，这成为他的敌人布鲁图斯刺杀他的借口之一。其后的罗马帝王延续了这个形式，将自己和妻儿的肖像打造在钱币上。罗马钱币的铭文用拉丁文写着帝王的名字与尊称、在位年代与打造地点等诸多信息。

古罗马　银币

☀ ☁ 💧 ❄　　　　· DATE ·　　/　　/　　/

古罗马　银币

☀ ☁ 💧 ❄ · DATE · / / /

古罗马 银币

古罗马 铜币

☀ ☁ 💧 ❄ · DATE · / / /

古罗马 铜币

瓦伦提尼安努斯一世（364—375）

东罗马早期钱币形式仍延续着罗马时期的特点。钱币的正面瓦伦提尼安努斯一世侧着脸，头发束起，身穿盔甲，显得格外神圣、庄严，胸像的周围写着“我主瓦伦提尼安努斯虔敬幸福的奥古斯都”。金币的背面，瓦伦提尼安努斯一世正右手持军旗，左手托着一圣物，他的头微微向左转，看着手中的圣物，风吹起衣摆，站在风中的国王英姿飒爽。

瓦伦提尼安努斯一世（正面） 金币

· DATE ·　　/　　/　　/

瓦伦提尼安努斯一世（背面）　金币

拜占庭帝国（395—1453）

公元330年，古罗马皇帝君士坦丁将帝国首都迁移到希腊旧城拜占庭，改名为“君士坦丁堡”，从此一个不同于原罗马帝国的新帝国逐渐形成。6世纪查士丁尼在位时，拜占庭帝国疆域地跨欧洲、亚洲、非洲，是各国进行外贸交易的重要地带。拜占庭的造币为邻国和继承者提供了独立的货币原型，在与以中国为首的丝路商贸交流中拜占庭金币有着不可或缺的重要地位。新中国成立以来，在我国境内出土的许多拜占庭帝国金币和仿制品，其年代从公元5世纪至8世纪不等，分别被用作贸易流通、金器装饰及祭祀。这些在中国出土的东罗马拜占庭帝国金币，也成为“丝绸之路”上不同宗教、文化、艺术相互融合的历史见证。

拜占庭帝国疆域示意图

阿纳斯塔修斯一世（491—518）

阿纳斯塔修斯一世是东罗马帝国利奥王朝的最后一位皇帝，在位期间，改革货币，减免税收，大力复兴帝国经济，使东罗马帝国国力达到鼎盛。在他的积极推动下，形成了独具特色的拜占庭钱币。这些金币和铜币共同构成了东罗马帝国社会的主要货币结构。

拜占庭·阿纳斯塔修斯　金币

拜占庭·莫里斯（582—602）

拜占庭币源于古希腊、古罗马钱币，但它缺乏古希腊币丰富的内容和精美的工艺，也没有古罗马币的统一制式。钱币正面纹饰多为当朝国王头像，背面多是神话人物或骑士。币文上出现希腊文和拉丁文两种文字，恰好印证了这句名言：罗马人征服了希腊，却被希腊文化所征服。这种铸币传统一直被丝绸之路沿线的中亚、西亚、南亚古国所采用，是反映各个国家古代历史的珍贵资料。

拜占庭·莫里斯　金币

希拉克略一世（610—641）

公元610年，希拉克略王朝建立后，进行了一系列的军事改革，它为拜占庭封建化开辟了道路。

这枚希拉克略一世金币，正面是希拉克略和两个儿子的肖像，背面是三级台阶上的骷髅地十字架，左侧有基督符。此时的钱币已经融入了基督教的文化因素，成为后来被伊斯兰世界所模仿的拜占庭钱币类型之一。

拜占庭·希拉克略一世　金币

位居丝路要冲的中亚古国

古中亚所涵盖的时间范围应是“前伊斯兰时期”，大约在公元前3世纪至公元9世纪，是希腊文化、伊朗文化、印度文化和中国汉文化交会的大“巴扎”，是祆教、佛教、基督教、摩尼教的传播乐土。

古中亚金属币的特点：一是材质，以银、铜为主；二是面值，银币多沿用希腊德拉克马制，无面值和重量，不规范的小铜币较多；三是纹饰，正面图像主要是王像或神像，背面为王像或神像或动物图纹，还有多种徽记；四是文字，文字类型多，币面常出现两种或三种币文；五是币形，多为不规则圆形，还有较多方形；六是造币厂印记，虽然明确但形式复杂。

巴克特里亚（前256—1世纪）

巴克特里亚也称帕克特立亚，中国史称“大夏”，约在今阿富汗北部的兴都库什山与阿姆河上游之间，与中国青藏高原西北部的葱岭（今帕米尔高原）相接壤，是公元前3世纪中期古希腊殖民者在中亚草原地区建立的希腊化奴隶制国家。这一区域是古代中亚、南亚、西亚的交通枢纽，是丝绸之路上一个重要的中转站。在当时，中亚地区已形成以希腊—巴克特里亚、帕提亚和北边的花剌子模为三大核心的希腊化城市聚集区。

钱币特点：

巴克特里亚钱币早期以“继承”希腊传统为特点，圆形的钱币图案为象征希腊王室的英雄赫拉克勒斯的侧面像和正面肖像，后期在向印度文化靠拢的过程中，钱币图案逐渐被佛教和印度教中的标志以及大象、狮子和公牛等动物形象所取代，也有了印度传统的方形钱，重量仍以希腊钱的德拉克马为单位，但重量规格较之希腊钱要小很多。材质以银、铜为主，钱面为希腊文，钱背为佉卢文。铭文较希腊复杂，多了“伟大的”“救世主”等称呼，且这种书写方法成为印度—巴克特里亚钱币的一种固定模式。

狄奥多图斯一世·索特尔（前256—前248）

以金币为主，许多币是在并未完全独立年代发行的。金币正面为束头带的国王面右头像，背面为宙斯一手持霹雳杖，一手搭神盾裸体前行，左下方有鹰。希腊文“安条克国王”。

狄奥多图斯一世·索特尔　金币

狄奥多图斯二世（前248—前235）

狄奥多图斯一世之子，曾与其父共同执政，狄奥多图斯一世逝世后独立执政。

狄奥多图斯二世（正面） 金币

☀ ☁ 💧 ❄ · DATE · / / /

狄奥多图斯二世（背面） 金币

欧克拉提德斯一世（前170—前145）

欧克拉提德斯一世是最为重要的巴克特里亚国王之一，监领兴都库什山脉以北地区，篡权成为巴克特里亚国王。统治范围包括巴克特里亚和南亚次大陆西北部的一部分。

梅纳德·索特尔·迪卡伊奥斯（前155—前130）

欧克拉提德斯一世的儿子，中国史书上称“弥南王”，即米南德一世。他大力推崇佛教，与孔雀王朝的阿育王、贵霜王朝的迦腻色迦一世并称为佛教的三大护法王。佛教经典《弥难陀王问经》即是他向僧侣那先比丘问道的语录，从中不难看出米南德一世博学雄辩。

赫利俄克勒斯一世（前155—前140）

最后一位希腊巴克特里亚国王，可能是欧克拉提德斯一世的儿子或兄弟。

欧克拉提德斯一世　银币

☀ ☁ 💧 ❄ · DATE · / / /

梅纳德·索特尔·迪卡伊奥斯 银币

· DATE ·　　/　　/　　/

赫利俄克勒斯一世　铜币

安息王朝（前3世纪—226）

安息帝国是雄踞亚洲西部伊朗高原地区的奴隶制王国，中国史籍称安息，西方人称之为帕提亚，位于丝绸之路中部要道，横亘于罗马帝国与中国汉朝之间，贸易地位十分显要，被认为是当时亚欧四大强国之一，与汉朝、罗马、贵霜帝国并列。安息与中国一直保持友好关系：公元87年，遣使来中国献狮子、符拔；东汉桓帝时，安息国王子安世高至洛阳从事佛经翻译，后出家为僧；汉灵帝时的安玄、曹魏时的昙无谛、西晋时的安法钦等都是自安息来华翻译佛教经典的高僧。

安息王朝钱币为圆形，以银为主，存世的铜币较少且多为辅币，以德拉克马为计量单位。钱币形制仍是希腊式，正面是面朝左的国王头像，早期王像头戴风帽，后改为发帻装饰，背面正中为牧人持弓像，周边的钱币铭文为希腊文或婆罗米文，外沿有连珠纹图案。每逢新王朝登基或喜庆，按王像打造新币。安息钱币制作精巧细致，著名国王米特拉达梯二世的头像形象逼真，是安息钱币中的精品。

作为安息王朝的附庸国，埃兰、查拉辛、波西斯和埃利美都自行打制货币。

米特拉达梯二世（前124—前87）

为第三任安息国王，其统治时期，对内进行军事改革，加强骑兵的战斗力，对外继续扩张。公元前90年迁都泰西封，帕提亚帝国达到鼎盛。公元前119年，张骞第二次出使西域，派副使访问帕提亚，两国正式建立友好关系。公元前115年，汉朝派遣使节至帕提亚，国王米特拉达梯二世领两万骑兵迎于东界。

米特拉达梯二世　银币

☀ ☁ 💧 ❄ · DATE · / / /

米特拉达梯二世（正面） 银币

☀ ☁ 💧 ❄ · DATE · / / /

米特拉达梯二世（背面） 银币

甘英出使大秦

公元97年，东汉使者甘英奉命出使大秦（罗马帝国），这是古代中国人最远的一次西行探险。史书记载甘英到达了“条支国”，这应该是里海的东岸，如今的土库曼斯坦重要的港口城市——土库曼巴希附近，当地人欺骗了甘英，告诉甘英关于“海妖”的传说：远处的海岛上，居住着一群海妖，样子像鸟，却有女人一般的妩媚和风韵，还有甜美的歌喉、苗条的身材，她们的歌声能使船员着迷，会不由自主地上岸听她们唱歌，听着听着，就会迷醉而死。甘英一行人听了这动人而可怕的传说，又加上远离故土，思乡心切，放弃了冒险的念头，只好望洋兴叹，未能继续西行。

当代学者分析，甘英停止继续西行的原因是和古代丝绸之路贸易利益分不开的。中国和罗马是丝绸之路的东西两端，地处中间的是安息，其商人靠地缘优势，转手买卖丝绸从中获取暴利。中、罗两国都想更直接地进行丝绸和珍宝的贸易，摆脱安息商人的垄断。当时朝廷派甘英出使大秦大概也有这方面的考虑，这触及了安息商人的利益，因此他们想尽办法，编出谎言欺骗甘英一行。甘英在当地得不到充足的给养，又对安息人编造的谎言惴惴不安，就只能返回长安了。

甘英出使大秦

弗拉特斯四世（前37—前2）

弗拉特斯四世为帕提亚国王奥罗德二世之子。在其统治时期，击退了罗马大军对帕提亚的报复性入侵。罗马人损失了3万名将士。弗拉特斯四世在宫廷政变中被其子弗拉特斯五世谋杀。

弗拉特斯四世　银币

☀ ☁ 💧 ❄ · DATE · / / /

弗拉特斯四世　银币

☀ ☁ 💧 ❄

· DATE ·　　/　　/　　/

弗拉特斯四世　银币

安息帝国的附庸国

埃兰（前180—227）

埃兰，是亚洲西南部古老的君主制城邦国家，位于卡鲁恩河河谷中，是伊朗早期文明，起源于伊朗高原以外的埃兰地区。曾占有波斯湾、巴比伦和其附近的地区。公元前3000年建国，公元前12世纪衰微，公元前6世纪后为阿契美尼德王朝统治，成为波斯帝国行省。塞琉古王朝时曾一度独立，在公元前2世纪成为安息附庸国，公元227年被萨珊王朝阿尔达希尔一世征服。

埃兰　铜币

☀ ☁ 💧 ❄

· DATE ·　　/　/　/

埃兰　铜币

☀ ☁ 💧 ❄　　　　· DATE ·　　/　　/　　/

埃兰　铜币

罽宾国（前141—50）

西汉时期的罽宾国位于今喀布尔河下游及克什米尔一带，历来为军事争夺要地。公元前141年，安息国王米特拉达梯二世东征，夺取了罽宾和犍陀罗，建立了罽宾国。公元前115年，张骞出使西域至乌孙，派副使至罽宾，汉与罽宾始有往来。《汉书·西域传》罽宾国条目中之塞王“乌头劳”，即塞王“斯巴莱尼斯”之封号“国王之弟”的希腊语音译。公元45—50年间，贵霜翕侯丘就却击败安息，夺取罽宾，罽宾遂成为贵霜帝国的领土。

据《汉书·西域传》载，罽宾“有金银铜锡以为器，市列（即市场有成排的商铺）。金银为钱，文为骑马，幕为人面”。罽宾存国仅百余年，存世钱币较少，弥足珍贵。

罽宾国　钱币

嚈哒帝国（约5世纪中叶—567）

嚈哒帝国也作挹怛、挹阗，嚈哒人是古代生活在欧亚大陆的游牧民族，起源于塞北，原居住长城以北，称滑国，是中亚塞种人游牧民族与汉代大月氏人的后裔，称为“白匈奴”。公元567年被突厥、萨珊波斯联合攻灭。疆域东起葱岭、和阗，西达里海，东北抵天山北麓，南到阿富汗中部及印度西北部。《魏书·肃宗纪》：“夏四月乙丑，嚈哒国遣使朝贡。”此后与西魏、北周都有来往。

嚈哒钱币上的王像，头戴盔帽，冠饰华丽，十分威武。其制币在很大程度上模仿了萨珊钱币式样，部分仿造贵霜币。以银、铜币为主，正面为王像，背面是祭火坛与侍从。钱币上常出现的有三种文字，即巴克特里亚—希腊文、婆罗米文和梵文。这一现象可能表明嚈哒每占领一地后便会在钱币铭文上使用当地文字。

嚈哒　金币

嚈哒早期

正面绘长脸、大眼尖鼻、佩戴耳环、肩上有火焰的嚈哒王像，像前花饰，草书希腊文。金币正面饰全身像，王像面向右，人头较大。背面绘有祭火坛及祭司。钱币直径较大且薄。

嚈哒中期

正面绘头戴发冠及环带、大眼深鼻佩戴耳环、肩后饰两个环带的嚈哒王像。像前花饰。王像面向右。币面周围饰连珠纹，背面绘有祭火坛及祭司。

嚈哒中后期

正面为牛首双翅冠王像，面向右，大眼高鼻，佩戴耳环，肩后饰两个环带。像前花饰。币面周围饰连珠纹，草书希腊文，背面绘有祭火坛及两祭司。

嚈哒　金币

☀ ☁ 💧 ❄ · DATE · / / /

嚈哒 银币

嚈哒打戳币

多为萨珊库思老二世币，正面加盖一处或多处印记，背面绘有祭火坛及两祭司。周围饰四个新月抱星，有的加盖神鸟“席穆尔格”印记。席穆尔格为祆教中能预见未来的神鸟，其形象经常出现于波斯器物上。

打戳币有两种用意：一为朝代更迭后，后朝来不及铸造新的货币，就沿用前朝货币，并在其上加盖特有图像或者文字，加以区分。二是由于战争，强国统治该区域后继续沿用该区域流通货币，打戳加以区分。

嚈哒附庸国　银币

卑路斯为嚈哒所铸赎金

嚈哒在5世纪中后期连续三次击败波斯国王卑路斯。卑路斯一世曾因王位之争，投奔嚈哒求援夺回王位，后又反悔，再战被俘，不得不缴纳巨额赎金，并以其子卡瓦德一世为人质。前两次嚈哒都生擒卑路斯，勒索了大量赎金。第二次的赎金，据《柱行者乔舒亚年代记》记载，多达“三十头骡子的银币”。直到公元531年科斯劳一世即位，突厥西进中亚之前，波斯向嚈哒支付了大量黄金和白银的贡赋。故此类钱币特点较为明显，通常在币正面圈外饰四点。

卑路斯为嚈哒所铸赎金　银币

☀ ☁ 💧 ❄ · DATE · / / /

嚈哒仿卑路斯币 银币

嚈哒仿卑路斯币　银币

☀ ☁ 💧 ❄ · DATE · / / /

嚈哒仿卑路斯币 银币

* ☁ 💧 ❄ · DATE · / / /

嚈哒打戳币　银币

西突厥汗国（552—658）

突厥人6世纪时游牧于阿尔泰山一带，公元552年建突厥汗国于今鄂尔浑河流域。公元582年，突厥汗国与隋朝作战，战败分裂成东西两部，即以蒙古为中心的东突厥汗国和以七河流域为中心的西突厥汗国。西突厥原是突厥汗国的西部可汗，并在西域称雄，控制了丝绸之路沿线，最强盛时期领土东起金山、西到西海诸国。唐高宗显庆三年（658）灭西突厥，在其故地先后设置了安西都护府和北庭都护府。

西突厥在中亚的钱币主要涉及西突厥汗国叶护币、布哈拉王突厥—嚈哒币、阿富汗的突厥—嚈哒币三个方面。西突厥币很少，基本沿用萨珊币形式。很多币难以和嚈哒币明显区分，但国王形象、皇冠式样还是有着较大的差别，并出现了由婆罗米文、巴克特里亚文、巴列维文组成的三语币。

西突厥嵌金打戳币　银币

嵌金币

嵌金币是在原有银币的正面中心部位除去一块银，并在凹槽内嵌入不规则状金块的银币。所嵌金块没有固定规格，分量极微。因没有史料记载，学者们推断嵌金原因可能有二：一是新政权占领西突厥后，利用前朝钱币局部嵌金加以区分，成为新政权流通货币；二是由于当时黄金为贵金属，非常稀有，所以局部嵌金以增加银币价值。

西突厥嵌金打戳币　银币

☀ ☁ 💧 ❄ · DATE · / / /

西突厥打戳币　银币

萨希王朝（7世纪—1026）

又称夏希王朝、喀布尔—萨希王朝、札布尔王朝，是公元3世纪贵霜帝国衰落后统治喀布尔及犍陀罗地区（今巴基斯坦北部）的一个突厥人建立的印度王朝，萨希原为国王称号。萨希王朝又分为突厥萨希及印度萨希两个阶段。印度萨希在11世纪被信仰伊斯兰教的突厥人建立的伽色尼王朝所灭。

在喀布尔谷（今加兹尼）、犍陀罗等地所打制的颇具特色的萨希型钱币后为其他王朝所仿制，流通地区广泛。目前所见主要为印度萨希王朝币。

萨希王朝　银币

☀ ☁ 💧 ❄ · DATE · / / /

萨希王朝　银币

大唐属国突骑施汗国（699—766）

突骑施汗国约在今哈萨克斯坦东南部与吉尔吉斯斯坦东北部一带，地域广阔，人口众多，物产丰富，处于丝绸之路的中段。突骑施汗国自始至终是唐朝的属国（隶属安西都护府），其钱币完全仿照唐式标准币——“开元通宝”制造，采用青铜浇铸法，圆形方孔，外缘内孔皆有廓，正面为一圈粟特文，背面有凸起的弓月形图案。早期制作的突骑施钱，大小和重量也与开元通宝相同；晚期因社会动乱和经济衰退，才有轻小的异版钱出现。

大唐属国突骑施汗国　铜币

大唐属国突骑施汗国　铜币

波斯第二帝国及附庸国

公元3—7世纪的波斯萨珊是古代波斯最后一个王朝，因其创建者阿尔达希尔的祖父萨珊而得名。萨珊王朝取代了被视为西亚、欧洲两大势力之一的安息帝国，与罗马帝国及后继的拜占庭帝国共存了400余年，世称“波斯第二帝国”。库思老一世（531—579）在位时，萨珊处于全盛时代，疆域西抵幼发拉底河，南临波斯湾，北达高加索、亚美尼亚和阿姆河流域，东至帕米尔高原，并拥有贵霜—萨珊、陀拔里斯坦、图兰等附庸国。直到伊嗣俟三世时期被东罗马—拜占庭帝国击败。

萨珊王朝的各代帝王纷纷打造银币，是丝路钱币中存世较多见的一类。新中国成立以来，在陕西西安市周边及耀县的隋唐墓葬与佛塔中相继出土和发现过若干库思老一世、库思老二世及卑路斯银币，新疆吐鲁番，青海西宁以及山西太原，河南洛阳、三门峡与广东英德等地也都发现过波斯—萨珊银币，而且有的出土数量很大。这些钱币是处于丝路要冲、控制中国与罗马间丝绸贸易的波斯萨珊王朝与中国有着密切的商贸往来的实物证据。

公元620年西亚地区示意图

波斯第二帝国——萨珊王朝（224—651）

萨珊王朝是伊朗历史上一个最重要、最有影响力的时期。自阿尔达希尔一世建立了萨珊王朝，为新帝国打造了第一批钱币后，就此形成萨珊货币制式。萨珊的银币为主要流通货币，货币面值仍沿用希腊式德拉克马和奥波，同时又制造出少量的铜币和金币，铜币面值为查柯，金币面值为第纳尔，这些钱币主要用于赏赐。其后的各代国王一直延续着这种币制。萨珊银币也成为流通地域最广、对丝绸之路贸易具有广泛影响力的货币。

萨珊　金币

☀ ☁ 💧 ❄ · DATE · / / /

萨珊 金币

· DATE ·　　/　/　/

萨珊　金币

阿尔达希尔一世（226—240）

226年，阿尔达希尔一世灭亡了帕提亚帝国，建立萨珊王朝，成为第一位“众王之王”，并把祆教（琐罗亚斯德教）提高到国教地位，设立最高祭司以掌管祆教大权，王朝也因他的祖父萨珊而得名。阿尔达希尔一世时期萨珊王朝的领土主要是波斯地区，后期不断扩张，使呼罗珊、锡斯坦、米底和部分亚美尼亚并入波斯萨珊王朝。

伊朗山崖浮雕——阿尔达希尔一世的授权仪式

萨珊·阿尔达希尔一世　银币

琐罗亚斯德教

琐罗亚斯德教是流行于古代波斯（今伊朗）及中亚等地的宗教，是基督教诞生之前中东和西亚最有影响的宗教，波斯帝国的国教，中国史称祆教、拜火教。其教义一般认为是神学上的一神论和哲学上的二元论。琐罗亚斯德教是以火为光明之神阿胡拉·马兹达的化身，信徒们上至王公贵族下至黎民百姓，在庭院中都会设置拜火坛，坛中圣火熊熊燃烧，终日不灭。拜火坛是祆教的标志，将神圣的火坛和祭司图案印制在钱币上，说明祆教在他们的生活中占有极其重要的地位。

琐罗亚斯德教祭坛遗址

萨珊·阿尔达希尔一世 银币

萨珊·阿尔达希尔一世　银币

☀ ☁ 💧 ❄ · DATE · / / /

萨珊·阿尔达希尔一世　银币

沙普尔一世（241—273）

沙普尔一世是阿尔达希尔一世之子，他继承了父亲好战的基因，征服了巴克特里亚及贵霜帝国西部，扩展了波斯的领土。沙普尔一世在大力推行琐罗亚斯德教的同时，对其他宗教尤其是摩尼教表现出令人惊异的宽容，成为摩尼教创始人摩尼的政治庇护者。他在宗教方面宽容的态度也表现在钱币上，此时的钱币上出现了阿胡拉·马兹达像及其他神像，而且将自己以祭司的身份出现在祭火坛的一侧。

洛斯达姆的石面浮雕

萨珊·沙普尔一世　银币

☀ ☁ 💧 ❄　　　　· DATE ·　　/　　/　　/

萨珊·沙普尔一世　铜币

☀ ☁ 💧 ❄ · DATE · / / /

萨珊·沙普尔一世 铜币

巴赫拉姆一世（274—277）

巴赫拉姆一世，伊朗萨珊王朝国王。他是沙普尔一世的次子之子、霍尔米兹德一世之弟。巴赫拉姆一世在琐罗亚斯德教首席祭司卡提尔的唆使下，处死了摩尼教的创始人摩尼。

萨珊・巴赫拉姆一世　银币

摩尼教与摩尼

摩尼教又称作牟尼教，中国称明教，是一个源自古代波斯袄教的宗教，为公元3世纪中叶波斯人摩尼（约216—约276）所创立。它是将基督教与袄教教义混合而成的宗教体系。摩尼出生于巴比伦北部的玛第奴，24岁时受到重要启示，自称是神派到尘世的“光明使者”，开始传教。摩尼在印度传教期间，使图兰国王皈依摩尼教。回到波斯后，沙普尔准许他在萨珊帝国全境传教，他把自己概述摩尼教教义的著作《沙普拉干》献给沙普尔。在国王沙普尔一世登基的盛典上，摩尼正式宣布开始向全国布道，并派信徒到罗马和东方传教，摩尼教迅速传播成为一个世界性的宗教。

摩尼画像

摩尼教神父在办公桌上写作

沙普尔死后，巴赫拉姆一世继位，一改沙普尔对摩尼教的宽容政策，逮捕摩尼，并将其钉死在十字架上，尸体悬挂在城门之上，这座城门被后人称为摩尼门。

☀ ☁ 💧 ❄ · DATE · / / /

萨珊·巴赫拉姆一世 银币

巴赫拉姆二世（277—294）

巴赫拉姆二世时期的钱币呈现出另一番景象，国王、王后与王子头像同时出现在币面上，国王单独头像币反而罕见。币面上头戴羽翅王冠的国王与头戴野猪首冠的王后半身胸像错落重叠，面对着头戴鹰首冠、手中持环、做敬献状的王子。国王的全家像集中在这枚钱币上，呈现出和谐、安详的生活气息。肖像的周围环绕着币文“马兹达崇拜者，伊朗和非伊朗的王中之王，天降的巴赫拉姆”。

萨珊·巴赫拉姆二世 银币

☀ ☁ 💧 ❄ · DATE · / / /

萨珊·巴赫拉姆二世 银币

卑路斯一世（459—484）

在5世纪，嚈哒人与其他游牧民族侵袭波斯，公元483年击败萨珊并俘卑路斯一世。卑路斯在无力支付巨额赎金的情况下，将其子卡瓦德一世交与嚈哒做人质。此时的钱币形式分为卑路斯被俘前和被俘后两种：被俘前被称为卑路斯A式，被俘后称为卑路斯B式。A式的银币上国王头戴球髻齿冠，冠前有一新月，似为伊嗣俟一世和二世的结合体，币文写着“马兹达崇拜者，幸运的卑路斯”。被俘后的B式，国王头上的球髻冠多了两个羽翅，国王的肩膀多出两条飘带，币文改成“幸运的卑路斯国王”。

萨珊·卑路斯早期　银币

☀ ☁ 💧 ❄　　　　· DATE ·　　/　　/　　/

萨珊·卑路斯A式　银币

巴拉什（484—488）

巴拉什是波斯萨珊王朝的一位君主，统治时期约为484—488年，他于任内平息境内亲族叛乱，在政治方面清明宽容，尤其是对基督徒的包容。不过也因此于488年遭其王族罢黜。

萨珊·巴拉什　银币

卡瓦德一世（488—531）

卡瓦德一世是卑路斯一世之子，因为一场宫廷政变被废，逃往嚈哒请求庇护。两年后在嚈哒护卫下杀回萨珊，夺回王位。卡瓦德一世的第二次即位成为萨珊历史上的一个转折点，他放弃了支持马兹达克教，转而竭力维护袄教。卡瓦德一世的钱币和其父一样，分第一次即位和第二次即位两种样式。最主要的特点是第二次即位后的钱币，币缘上出现了双珠圈和“新月抱星”徽记。

萨珊·卡瓦德一世　银币

· DATE ·　　/　/　/

萨珊·卡瓦德一世　银币

☀ ☁ 💧 ❄ · DATE · / / /

萨珊·卡瓦德一世 银币

库思老一世（531—579）

库思老一世是萨珊王朝最伟大的国王，“库思老”是“公正的荣耀”的意思。库思老一世在其父在位时期就积累了深厚的政治基础，在卡瓦德一世统治末期，他参与对马兹达克教徒的镇压行动，因而获得了琐罗亚斯德教祭司集团和卡瓦德一世本人的信任。

在马兹达克运动时期产生的某些社会变革，到库思老一世时代实际上已被确认为合法制度。例如，出身低微的人也可以担任公职，形成了一个没有任何社会基础的、因而完全忠于国王的亲信集团，加强了军队及官僚与中央政府的关系。在这些政策的引导下，伊朗完成了由半奴隶制向封建国家的转化。

萨珊·库思老一世　银币

☀ ☁ 💧 ❄　　　　· DATE ·　　/　　/　　/

萨珊·库思老一世　银币

库思老二世（590—628）

库思老二世人称“得胜王”，是萨珊王朝中一位早期政绩十分突出的皇帝。目前，在中国境内发现的波斯银币中库思老二世银币数量最多，出土近600枚，其次为卑路斯银币，约400枚。

此时钱币正面多为头戴星月双翅锯齿形冠库思老二世头像，双翅代表波斯战争和胜利之神韦勒斯拉格纳，币文为巴列维文“祝愿库思老繁荣昌盛”。

萨珊·库思老二世　银币

☀ ☁ 💧 ❄ · DATE · / / /

萨珊·库思老二世　银币

☀ ☁ 💧 ❄ · DATE · / / /

萨珊·库思老二世　银币

阿尔达希尔三世（628—630）

阿尔达希尔三世是卡瓦德二世之子，继承王位时只有7岁。两年之后，阿尔达希尔三世被将领沙赫尔巴拉斯为首的贵族们杀害。由于年幼，阿尔达希尔三世钱币上的国王头像，都是没有胡须的年轻人形象。

萨珊·阿尔达希尔三世 银币

☀ ☁ 💧 ❄ · DATE · / / /

萨珊·阿尔达希尔三世 银币

布伦女王（630—631）

在萨珊的帝王史中，有两位女性君主，都是库思老二世的女儿，由于执政的时间都非常短暂，所以发行的货币就显得异常的珍稀。布伦女王是被推举成为女王的，在位仅仅16个月，后因不明原因离世，这段历史鲜有人知，所幸这个时期的钱币留存了下来，成为她执政的有力依据。钱币正面，女王头戴球髻新月双翅镶珠帽冠，两条长发辫垂肩，身上带有装饰物品。女王像的两侧刻有古波斯祝福语“繁荣昌盛布伦”。

萨珊·布伦女王　银币

萨珊·布伦女王　银币

伊嗣俟三世（632—651）

伊嗣俟三世是波斯萨珊王朝末代君主。636年11月，波斯军队在阿尔—卡迪西亚会战中惨败，次年阿拉伯人攻陷首都泰西封，伊嗣俟被迫逃往东方，651年在中亚木鹿城遇刺身亡，萨珊王朝灭亡。伊嗣俟之子卑路斯逃往中国唐朝避难，其后世子孙皆与唐朝来往密切。据《册府元龟》记载，在唐玄宗开元、天宝年间仍不断有“波斯王”遣使来朝，这里指的“波斯王”应当是其子嗣。可见，波斯帝国在中亚地区仍有余脉。

萨珊·伊嗣俟三世　银币

☀ ☁ 💧 ❄ · DATE · / / /

萨珊·伊嗣俟三世 银币

萨珊附庸国

萨珊王朝立国近四百年，是西亚地区的文明古国，其货币文化对周边国家、地区产生了深远影响。如陀拔里斯坦作为萨珊附庸国，即使在阿拉伯人灭亡萨珊后的很长时间里，此地钱币形制始终采用萨珊式，仅铭文改为阿拉伯文。

贵霜—萨珊（271—400）

公元224年，阿尔达希尔一世建立萨珊王朝，不久便开始征讨阿美尼亚和贵霜王朝。贵霜在战争失败后，失去了大片土地，波调一世便承认了萨珊王朝的宗主权。随后阿尔达希尔一世在巴尔克成立了临时政府，这个时期的历史完全没有文字记载。这个贵霜—萨珊临时政府在巴尔克打铸的金币基本模仿贵霜波调一世后期的样式，只是略加一些新标记而已：例如正面的王像的腿边加入了梵文“卐”和星点，背面湿婆头上有仰月、头部有光圈等。

贵霜—萨珊　金币

贵霜—萨珊 金币

☀ ☁ 💧 ❄ · DATE · / / /

贵霜—萨珊 金币

贵霜—萨珊　银币

☀ ☁ 💧 ❄ · DATE · / / /

贵霜一萨珊　金币

☀ ☁ 💧 ❄ · DATE · / / /

贵霜—萨珊 银币

☀ ☁ 💧 ❄ · DATE · / / /

贵霜—萨珊 铜币

陀拔里斯坦

陀拔里斯坦，或译为太伯里斯坦，地处伊朗高原北缘的厄尔布尔士山脉与里海南沿之间。在公元651年前，曾是波斯萨珊王朝的附庸国，萨珊王朝被阿拉伯帝国吞灭后，再次成为一个独立的王国。在这一时期，当地的一些商人来到了中国，因而在中国古籍中出现了该国的名字。史籍中陀拔里斯坦被写成“陀拔思单”，“在疏勒西南二万五千里，东距勃达国，西至涅满国，皆一月行，南至罗刹支国半月行，北至海两月行”。这一时期发行的钱币上使用巴列维字母，并且继续在币面上刻印萨珊王朝的最后一个强大的国王库思老二世的头像。

萨珊附庸国·陀拔里斯坦　银币

☀ ☁ 💧 ❄ · DATE ·   /   /   /

萨珊附庸国·陀拔里斯坦　银币

☀ ☁ 💧 ❄ · DATE · / / /

萨珊附庸国·图兰　铜币

阿拉伯—萨珊（651—？）

651年，阿拉伯吞灭萨珊王朝后，锡斯坦、布哈拉等地区仍使用和打造萨珊币型“阿拉伯—萨珊币”。这个时期的币面王像仍为库思老二世或末代皇帝伊嗣俟三世，纪年沿用伊嗣俟三世纪年，币文仍用巴列维文，但在钱币正面宽缘上出现科菲体阿拉伯文。直到698年，倭马亚王朝对钱币进行伊斯兰化改革，此后波斯币进入了伊斯兰币体系。

阿拉伯—萨珊　银币

阿拉伯—萨珊　银币

☀ ☁ 💧 ❄ · DATE · / / /

阿拉伯—萨珊　银币

阿拉伯—萨珊　银币

印巴次大陆的四大帝国及诸王朝

印巴次大陆也称南亚次大陆，是古代陆上丝绸之路的必经之路。公元前4世纪孔雀帝国建立，第三代统治者阿育王时期势力几乎遍及整个次大陆，他死后帝国开始分裂。公元前2世纪巽加王朝取代了孔雀帝国，但统治范围明显缩小到次大陆的中南部，这时印度西北部被巴克特里亚以及安息人、塞种人侵占。中国西汉时称“身毒国”的就是巽加王朝。之后，来自东北方的大月氏人建立的贵霜帝国成了横贯中亚及印巴次大陆西北部的大帝国，后被寄多罗王朝所取代。进入4世纪，印巴次大陆的第一个封建王朝笈多帝国统一了印度，疆域包括印度北部、中部及西部部分地区。7世纪时北印度被拉其普特人统治，直到12世纪末，突厥人建立的穆斯林政权在德里定都，德里苏丹国开始统治印度，经历5个王朝。接着是自称有着蒙古血统的突厥人巴布尔建立的莫卧儿帝国统治印度的时代，直到1857年英国殖民者统治印度。1947年当印度人民摆脱殖民统治的时候，印巴次大陆已变成印度、巴基斯坦、阿富汗、伊朗等诸国。

孔雀帝国（前324—前187）

公元前324年，印度建立了统一的王朝。据传，因新国王旃陀罗笈多（前324—前300在位）出身于一个饲养孔雀的农民家族中，史称这个王朝为“孔雀王朝”，因统治地域广阔又称“孔雀帝国”，统治延续了140年。

公元前327年5月，马其顿亚历山大在吞灭波斯后越过兴都库什山，侵入次大陆的西北部，很快征服了五河流域。但其统治始终遭到当地人民的反抗，旃陀罗笈多在公元前约324年领导的起义军成功地驱逐了侵略者之后独立为王。接着他又东进，攻下摩揭陀国的首都华氏城（今巴特那），终于推翻了难陀王朝。从此，次大陆北部统一起来。孔雀王朝至阿育王时最为兴盛，疆域北起喜马拉雅山南麓，南达迈索尔，东抵阿萨姆西界，西达兴都库什山，南亚大部并入孔雀王朝的版图，形成了一个空前庞大的统一帝国。

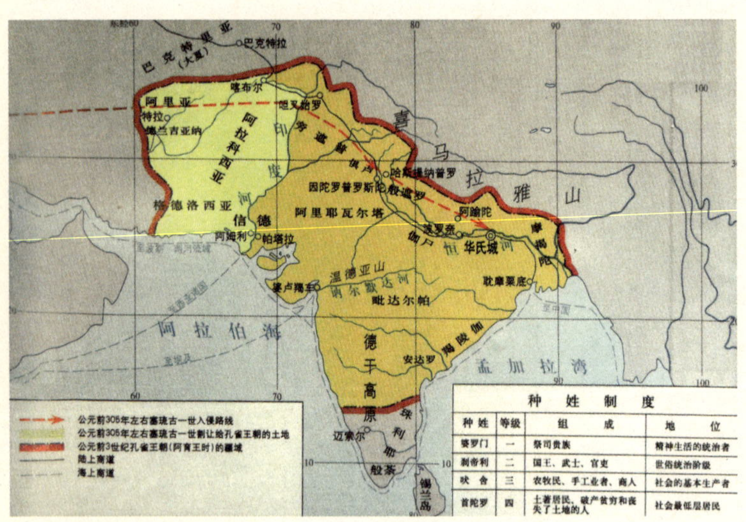

种姓制度

种姓	等级	组成	地位
婆罗门	一	祭司贵族	精神生活的统治者
刹帝利	二	国王、武士、官吏	世俗统治阶级
吠舍	三	农牧民、手工业者、商人	社会的基本生产者
首陀罗	四	土著居民、破产贫穷和丧失了土地的人	社会最低层居民

孔雀帝国阿育王时期的疆域示意图

公元前273年，阿育王通过政变而成为孔雀王朝第三代国王，他倡导“正法”，宣扬佛教，大量修建佛塔，且把佛教定为国教，还派遣佛教僧团到各国去弘扬佛教。公元前253年，阿育王在首都华氏城举行了佛教史上的第三次集结，佛教高僧云集于此，编纂整理佛经，统一佛教教义。

公元前251年，释迦牟尼涅槃二百多年后，阿育王与其戒师优婆崛多到佛祖诞生地——蓝毗尼朝拜佛迹，并树立石柱以示纪念。最著名的贝拿勒斯城外鹿野苑的石柱，就是这批石柱的代表。柱头上有四只背对背蹲踞的雄狮，威风四面；中间为一条饰带，刻有大象、奔马、瘤牛和老虎，它们之间用象征佛法的法轮隔开；下层是倒垂莲花。它是孔雀王朝最具代表性的建筑雕刻。印度国徽上的图案便来自于此。

鹿野苑的阿育王石柱柱头与饰带

孔雀帝国　银币

· DATE ·　　/　　/　　/

孔雀帝国　银币

孔雀帝国 银币

巽加王朝（前185—前73）

公元前185年前后，孔雀帝国的最后一个国王被部将普沙密多罗·巽加推翻，在摩揭陀建立了巽加王朝。该王朝压制佛教，致力于复兴婆罗门教，其统治范围远远小于孔雀王朝，只限于恒河中下游地区。公元前73年被甘婆王朝取代。

巽加王朝的铜币制作比较粗劣，钱文显示出符号化的倾向。

巽加王朝　铜币

☀ ☁ 💧 ❄ · DATE · / / /

巽加王朝　铜币

☀ ☁ 💧 ❄ · DATE · / / /

巽加王朝 铜币

印度—塞克王朝和“西郡太守”（前1世纪—405）

印度—塞克王朝是位于阿富汗南部及印度北部以斯基泰人为主建立的分散小王朝。中国史书称斯基泰人为“塞种人”，欧洲学者称“塞克”。塞种人原是居住在伊犁河谷的古老民族之一，生活地域广阔，部落众多，迁徙频繁。公元前1世纪，他们在印度北部犍陀罗地区击败罽宾，建立了一个独立王朝，通称为“印塞王朝”。另一支塞种人，向南进入印度北方，并向西南延伸到今印度中部偏西地区，击败一些希腊小城邦，建立分散的塞克小王廷，中国史称“西郡太守”。其后印度—塞克王朝被大月氏人建立的贵霜王朝所灭。

西郡太守塞克小王廷的银币很小，但沿袭了希腊式制币的特点，外缘保留了希腊铭文，制作精巧，毫厘间便可见塞王的威武。

从“马背上的骑士”这独特的钱币就能看到塞种人是名副其实的“马背民族”。

印度—塞克王朝 银币

☀ ☁ 💧 ❄

· DATE ·　　/　/　/

印度—塞克王朝　铜币

印度—塞克王朝　银币

☀ ☁ 💧 ❄ · DATE · / / /

西郡太守　银币

印度—帕提亚王国（约前1世纪—3世纪）

公元前1世纪前后，一部分被大月氏人驱赶的斯基泰人来到今阿富汗东南部及巴基斯坦和印度西北部，取得了对这一地区的控制权，以塔克西拉（今伊斯兰堡市北部）为首都。因其能够与安息帝国（亦称“帕提亚”）达成政治平等约定，并建立了同盟国关系，故称“印度—帕提亚王国”。公元1世纪他们在与贵霜王国的作战中遭到惨败，退回到自己的领地，直到公元3世纪时被波斯萨珊人征服。

从存世的钱币看，该国所铸的铜币基本沿袭了安息钱币的特征，正面是王像，背面多是胜利女神奈基。

印度—帕提亚　铜币

· DATE ·　　/　　/　　/

印度—帕提亚　铜币

印度—帕提亚　铜币

大月氏（约前2世纪—1世纪）

月氏人原居于甘肃省西南，在敦煌和祁连山之间，公元前2世纪初期，匈奴的冒顿单于竭力扩大领地，在公元前177年至前176年征服了月氏人，至其继承者老上单于杀了月氏王。这迫使月氏人远离故土，其中一小批逃到西藏东北山中，被称为小月氏；大批月氏人向西远去，至天山、伊犁河上游的楚河和纳林之间，打败塞种人，占领塞地，史称大月氏。但是不久乌孙人又攻击大月氏，其继续向西迁移，最后来到其邻国大夏（巴克特里亚），并控制了大夏。公元前138年张骞受汉武帝之命去联合大月氏抵抗匈奴，于公元前129年到达大月氏，此时的大月氏已经控制了大夏，即今印度的西北部地区。

大月氏钱币特征明显，王像头戴大檐头盔，钱背则是威武的狮子。

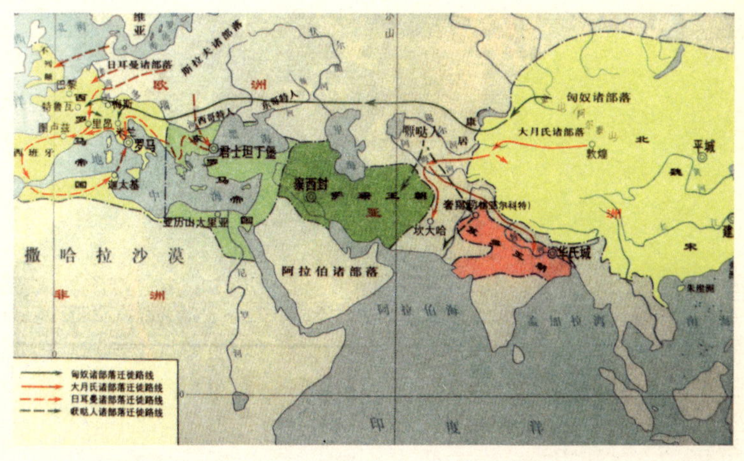

公元前2世纪大月氏迁徙路线示意图

大月氏　银币

☀ ☁ 💧 ❄ · DATE · / / /

大月氏　银币

☀ ☁ 💧 ❄ · DATE · / / /

印度—帕提亚 铜币

贵霜帝国（45—360）

公元1世纪中叶，大月氏部的贵霜翕侯丘就却战胜其他四部翕侯，自立为王，建立了贵霜帝国。丘就却及其继承者阎膏珍、迦腻色迦先后侵入和占领了南亚次大陆的西北部地区，并以富楼沙（今白沙瓦）为首都，自此贵霜王国成了横贯中亚及次大陆西北部的大帝国。贵霜地处中亚丝绸之路的交通要道，在迦腻色迦统治时代达到鼎盛，疆域从今日的塔吉克绵延至里海、阿富汗及恒河流域，与汉朝、罗马、安息并列为当时欧亚四大强国。

贵霜钱币纹饰繁复，不拘一格：有希腊神话中的宙斯和胜利女神奈基、印度教和佛教的神祇、波斯祆教的祭坛以及罗马密特拉教神像、耆那教的公牛等，由此可见贵霜帝国对宗教、艺术兼收并蓄的宽容态度。

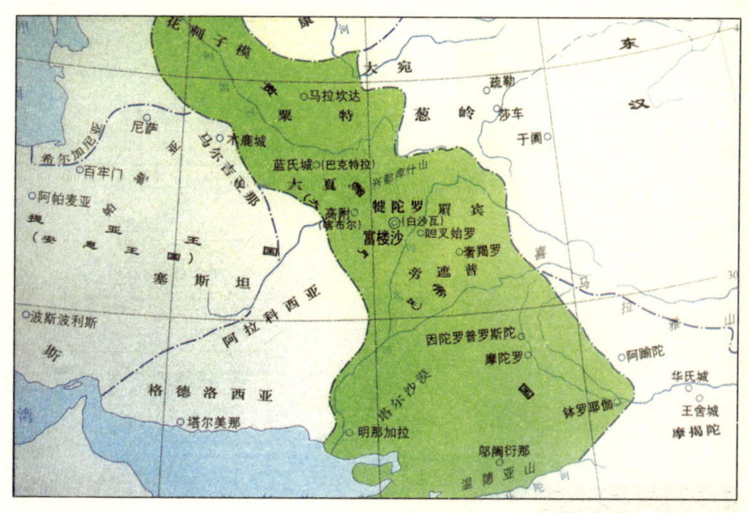

横贯中亚及次大陆西北部的贵霜帝国示意图

贵霜帝国　金币

☀ ☁ 💧 ❄ · DATE · / / /

贵霜帝国 金币

寄多罗王朝（380—？）

寄多罗王朝的开国君主叫寄多罗，他的前辈寄多罗和卑路亚萨都是贵霜末代国王伽达哈拉的重臣，伽达哈拉曾率领贵霜军队两次阻止了萨珊人的强大进攻。大约在公元380年，寄多罗取代了贵霜，建国初期模仿贵霜钱币制式打铸金币，钱文上亦称“伟大的贵霜王”。而存世的寄多罗时期的银币多为萨珊式，大概是与其多次交战受到其钱币形制的影响，最终寄多罗被萨珊所征服。

寄多罗王朝　银币

☀ ☁ 💧 ❄ · DATE · / / /

寄多罗王朝　银币

☀ ☁ 💧 ❄ · DATE · / / /

寄多罗王朝　银币

笈多帝国（320—730）

笈多王朝是中世纪统一印度的第一个封建王朝，是古代印度的黄金时代。公元4世纪末至5世纪初，我国东晋高僧法显西行求法，称当时的印度“民人富盛，竞行仁义”。笈多帝国疆域包括印度北部、中部及西部部分地区，首都为华氏城。笈多王朝时期，大乘佛教盛行，印度教兴起。笈多诸王虽都信奉印度教，但为缓和民族及教派之间的矛盾，采取宗教兼容政策，放任各派宗教自由发展。大乘佛教中心那烂陀寺，成为印度中世纪前期的宗教和学术文化中心，唐代高僧玄奘西行求法就曾访问过那里，其见闻写进了《大唐西域记》，成为宝贵的历史资料。

笈多王朝钱币多继承贵霜式钱币的风格，文字、王像、神祇、公牛等形式多样，文化内涵广泛。

笈多帝国　金币

笈多帝国　金币

☀ ☁ 💧 ❄　　　　　　　　· DATE ·　　　/　　/　　/

笈多帝国　金币

笈多帝国　金币

莫卧儿帝国（1526—1858）

莫卧儿帝国是1526年兴起于印度半岛北部的伊斯兰教国家，创建者为巴布尔，其祖是蒙古帖木儿汗国的后裔。帝国边界东从阿富汗的巴尔克，西到孟加拉湾，北从喜马拉雅山脉直到南方的戈达瓦里河，包括阿富汗和克什米尔。最后的统治者巴哈杜尔·沙二世在1858年民族大起义后，被英国殖民当局放逐，国家灭亡。

莫卧儿时期印度铸币厂打造钱币的场景

右图中，一个人攥着冲击模具，另一人准备用锤子敲击，钱币毛坯放在盘子里准备就绪，而铸好的硬币则堆在地板上，官员们正在检查铸币质量，仆人拿着装满的钱袋。

希腊式打制钱币的工艺流程：印刻正、背钱模—裁剪金属—称量重量—固定正面钱模—放置金属—合上背面钱模—用力捶打。

莫卧儿帝国　金币

莫卧儿帝国 银币

莫卧儿帝国 银币

☀ ☁ 💧 ❄　　　　· DATE ·　　/　　/　　/

莫卧儿帝国　银币

不列颠东印度公司（1600—1947）

不列颠东印度公司是英国的一个股份公司，成立于1600年12月31日，这天英国女王伊丽莎白一世授予该公司皇家特许状，给予它在印度贸易的特权。凭借这个特许状东印度公司垄断印度贸易达两个多世纪，从一个商贸企业变成英国在印度的实际主宰者。直到1857年英国在印度的殖民统治机构建立，不列颠东印度公司才被解除行政权力。

印度现流通的钱币——卢比，起始于16世纪，但不是标准单位，1835年，不列颠东印度公司为了印度领地货币流通的方便，引进了新标准的卢比银币，改革了当时印度大概有三百多种花样繁多的卢比在市面流通的局面。

不列颠东印度公司　银币

不列颠东印度公司　银币

☀ ☁ 💧 ❄　　　　　　　　· DATE ·　　/　　/　　/

不列颠东印度公司　银币

阿拉伯帝国

相传公元7世纪初，先知穆罕默德在圣地麦加获得神的启示，创立了伊斯兰教，他受到当时麦加统治集团的迫害，就带着信徒们逃到麦地那，这个迁徙之日则被定为穆罕默德历（回历）元年1月1日（即公元622年7月16日）。在麦地那，穆罕默德与邻邦签署了《麦地那宪法》，建立了阿拉伯人社区和第一座清真寺，更多信徒皈依伊斯兰教，后来他胜利返回麦加。如果说穆罕默德在政治上建立了阿拉伯帝国，那么他的继承者则在军事上以迅雷不及掩耳之势击败了拜占庭，推翻了波斯第二帝国——萨珊，后来又占领了印度、西班牙，建立了一个从大西洋到印度河之间广袤的阿拉伯帝国。阿拉伯帝国的后期，由于战争和教派间出现的分裂，在中亚、西亚以至南亚次大陆北部便交替出现过许多信奉伊斯兰教的独立王朝，他们发行的钱币形式多样、异彩纷呈。

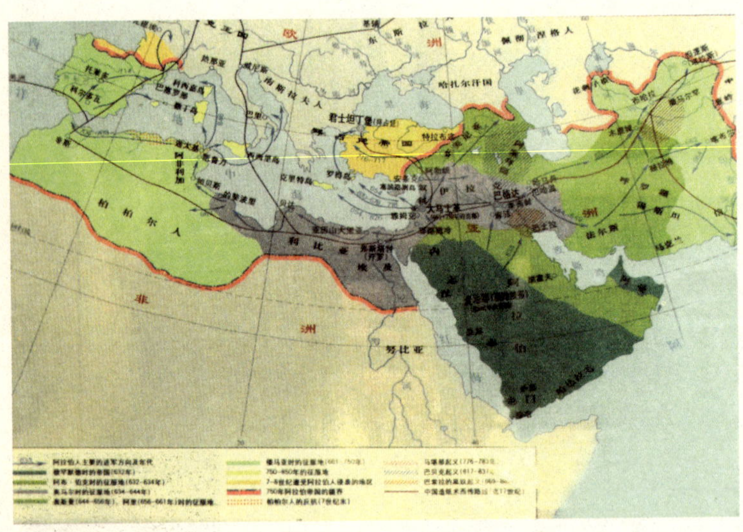

阿拉伯帝国的崛起示意图

7世纪30年代统一的阿拉伯国家出现，他们很快就统治了中亚、西亚的大部地区，此时丝绸之路的畅通便仰仗于他们的经营。阿拉伯人笃信伊斯兰教，从遵从伊斯兰禁止偶像崇拜的教义出发，对金属硬币进行了彻底的改制，过去钱币纹饰上出现过的王像和神祇全部被用优美的阿拉比库法体书写的清真言及铸币王名、地点、时间等文字信息所替代，凸显了阿拉伯世界硬币的宗教意义和书法艺术。公元9世纪初，阿拉伯帝国开始分裂，直至13世纪中叶消亡，随之而起的是伊斯兰诸王朝。

钱币里的宗教

倭马亚王朝·瓦利德一世金币

钱币上铭刻的是伊斯兰教清真言。

金币重4.25克，是新版第纳尔的标准重量。

钱币里的书法

库法体是一种古老的阿拉伯文书体，其前身是阿拉伯半岛地区流行的纳巴泰字体。库法体粗犷有力，棱角分明，有着优雅的尖角字母，被广泛用于书写《古兰经》、清真寺建筑装饰、宫廷文献和雕刻碑文、打铸货币以及向邻邦致书、缔约等，备受阿拉伯世界推崇，很快传遍各地，并以伊拉克的历史文化名城库法而命名。由于是伊斯兰教传播的重要载体，故又称伊斯兰体。

阿拔斯王朝银币

阿拔斯王朝银币上多使用曲线的阿拉伯文草体，既平衡又优雅，曲线字体装饰形式繁多，字母末端还延伸成尖细的树叶状态。

伊尔汗国·不赛因汗银币

蒙古伊尔汗国·不赛因汗银币上书写的清真言是方形的，大约是受到了当时中国回文印章书写方式的影响。

倭马亚王朝（661—750）

倭马亚王朝定都大马士革，因崇尚白色，中国史书称其为“白衣大食”。倭马亚王朝是由阿拉伯帝国的叙利亚总督倭马亚家族的穆阿维叶建立，并实行世袭君主制，成为阿拉伯帝国的第一个世袭王朝。

在阿卜杜勒·马利克任哈里发时代（685—705）进行了币制改革，发行了阿拉伯帝国第一种用文字做钱文的硬币第纳尔，并在全国流通。现在不少阿拉伯国家的货币名称仍叫“第纳尔”，可见影响之深远。

倭马亚清真寺

倭马亚清真寺被认为是世界第四大清真寺（其他分别为沙特的麦加圣寺、麦地那先知寺以及耶路撒冷的阿克萨清真寺），它是伊斯兰建筑史上的瑰宝之一。其原址为基督教圣约翰教堂。公元705年，哈里发瓦利德一世将之改建成清真寺。全部工程历时15年，由波斯、拜占庭、印度和埃及的著名建筑师和工匠设计，很多历史资料都提到为修建该寺从国库中拿出100箱金币，每箱有22.8万第纳尔，合计约2280万第纳尔。可见倭马亚王朝国库金币之多，财力之雄厚！

☀ ☁ 💧 ❄ · DATE · / / /

倭马亚王朝 银币

☀ ☁ 💧 ❄ · DATE · / / /

倭马亚王朝 银币

☀ ☁ 💧 ❄ · DATE ·　　/　　/　　/

倭马亚王朝　银币

阿拔斯王朝（750—1258）

阿拔斯王朝因其旗帜尚黑，中国史称“黑衣大食”。王朝以伊拉克为中心，在底格里斯河畔营建了新都巴格达，该城宏伟壮观，人口众多，商贸繁盛，是与当时的长安、君士坦丁堡齐名的世界性大都市。从巴格达经波斯湾穿过印度洋和马六甲海峡可抵广州；取道波斯和中亚，走过“丝绸之路”便到长安。两国商贸文化交往十分密切。阿拔斯王朝最初的百年间，政治稳固，社会安宁，农商发展，文化昌明，声威远播，军事扩张迅猛，是国势极盛的“黄金时代”，后来逐步走向分裂。

黑衣大食打铸的金、银币上面的文字十分花哨，字母笔画、结构变幻无穷，是鉴赏伊斯兰书法艺术的佳品。

阿拔斯王朝　金币

阿拔斯王朝　金币

· DATE ·　　/　　/　　/

阿拔斯王朝　金币

· DATE · / / /

阿拔斯王朝　银币

伊斯兰诸王朝

从公元9世纪起，盛极一时的阿拉伯帝国开始衰落，阿拔斯王朝的统治者哈里发穷奢极欲，朝政废弛。各个地方势力逐渐脱离了中央政权，割据一方，各自为政，在阿拉伯半岛以及中、西亚和南亚北部地区先后交替出现诸多信奉伊斯兰教的王朝，比较著名的有萨曼王朝、伽色尼王朝、塞尔柱帝国、花剌子模王国、德里苏丹王国等。直到14世纪初，奥斯曼帝国开始崛起，最终成为重新统一阿拉伯半岛的大帝国。和它同时的伊斯兰王国还有在印度半岛北部的阿富汗帝国、伊朗卡扎尔王朝等。

萨曼王朝（874—999）

萨曼王朝是阿拔斯王朝时在中亚地区建立的封建割据式的伊斯兰国家，萨曼系波斯巴尔赫贵族后裔，原信奉袄教，后改信伊斯兰教。萨曼王朝先后有10位君主，统治时长达125年。其版图北达咸海，南至印度河上游，东至阿姆河上游，西讫里海，一度为中亚强国。首都布哈拉（今乌兹别克斯坦境内）曾经是伊斯兰文化的中心。萨曼王朝的建立给中亚地区带来了一段相对长久的和平，整个地区的经济得到恢复，人们生活也趋于安定。王朝在纳斯尔二世（914—942）在位期间鼎盛一时，999年被喀喇汗王朝和伽色尼王朝所灭。

萨曼王朝　金币

· DATE ·　　/　　/　　/

萨曼王朝　金币

萨曼王朝　银币

伽色尼王朝（962—1186）

伽色尼王朝是统治阿富汗东南部的突厥人建立的伊斯兰王朝，又称“哥疾宁王朝”“伽兹尼王朝”。伽色尼王朝系中亚萨曼王朝的突厥族奴隶出身的将领阿勒普特勤所建立，因都城在伽色尼（又译哥疾宁，今阿富汗东南部的伽兹尼）而得名。其国虽然独立，但名义上仍承认萨曼王朝的宗主权。

伽色尼王朝　金币

☀ ☁ 💧 ❄ · DATE · / / /

伽色尼王朝 金币

☀ ☁ 💧 ❄ · DATE · / / /

伽色尼王朝　银币

塞尔柱帝国及余脉（1037—1308）

10世纪时乘阿拉伯帝国衰落，信奉伊斯兰教的突厥乌古斯部落的一支塞尔柱人，在酋长塞尔柱率领下渡过锡尔河侵入西亚河中地区，但被雄踞阿富汗的伽色尼国征服。1037年，羽翼丰满的塞尔柱人起而反抗，他们在塞尔柱的孙子托格卢尔·伯克的带领下，击败伽色尼人，建立了强大的塞尔柱帝国。1055年，他又率部攻入巴格达城，逼迫哈里发授予他“东方和西方的苏丹”称号。苏丹意为“掌权者”，从此伊斯兰教国家的统治者多自称苏丹。他的后辈继续对外扩张，极盛时领有伊朗、美索不达米亚、小亚细亚大部及叙利亚等地。12世纪中叶，塞尔柱帝国开始消亡，其后裔建立了几个自称塞尔柱国的小朝廷，存续时间最长的是小亚细亚的鲁姆塞尔柱苏丹国。1243年，蒙古军队入侵小亚细亚，鲁姆塞尔柱王国沦为蒙古国的藩属，于1308年灭亡。

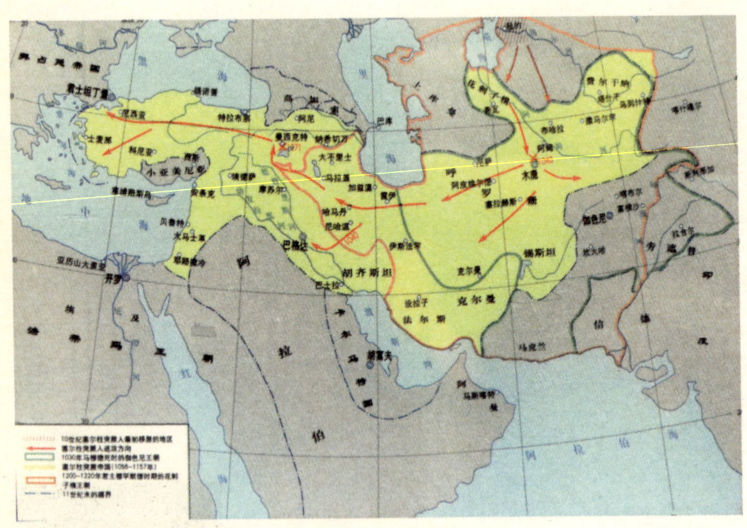

伽色尼王朝、塞尔柱帝国和花剌子模王国疆域示意图

☀ ☁ 💧 ❄ · DATE · / / /

塞尔柱帝国　银币

☀ ☁ 💧 ❄ · DATE · / / /

塞尔柱帝国　银币

☀ ☁ 💧 ❄ · DATE · / / /

塞尔柱帝国　银币

花剌子模王国

花剌子模王国原是里海之东的小国，中心城市为乌尔坚奇（今土库曼斯坦乌尔根奇）。历史上其统治和疆域多次变换，最初曾是波斯帝国的一个省，一度成为独立国家，后又受印度贵霜帝国的控制。3世纪，波斯萨珊王朝重新控制了花剌子模，7世纪被阿拉伯帝国征服。11—13世纪受塞尔柱王朝统治。大约在公元1200年，阿拉·阿德丁·摩诃末继位后，王国逐渐强盛，夺取西辽的西部地区；又通过多次远征，吞并了波斯、阿富汗等周围各国，达到全盛时期。建新都于撒马尔罕（今乌兹别克斯坦的撒马尔罕），曾派使节到过金朝中都。1215年，元太祖成吉思汗派使节到花剌子模王国缔结通商贸易协定，但遭到抵制。1218—1220年，成吉思汗亲统大军西征，征服了花剌子模王国，其君主摩诃末逃亡。

花剌子模王国　金币

花剌子模王国　金币

花刺子模王国　金币

德里苏丹王国（1206—1526）

德里苏丹王国系突厥人在阿富汗和印度半岛北部建立的伊斯兰古尔王朝，因其建都德里故名。1206年，古尔王朝的苏丹穆罕默德遇刺身亡，国家分裂。统治印度的总督顾特布-乌德-丁·艾贝克以德里为中心独立为苏丹，北印度从此开始了德里苏丹王朝时期。到卡尔吉王朝时代（1290—1320）统治版图最大，除南部及拉其普特地区外，遍及印度全境，是为德里苏丹的全盛时期。德里苏丹王国共存在了320年。1526年，德里苏丹国被莫卧儿帝国取代。

德里苏丹王国　金币

德里苏丹王国　银币

德里苏丹王国　银币

奥斯曼帝国（1299—1922）

奥斯曼帝国为土耳其人所创立的军事封建帝国，创建者奥斯曼一世。初居中亚，奉伊斯兰教为国教，后迁至小亚细亚。帝国极盛时势力达欧、亚、非三大洲，统领有南欧、中东及北非之大部，西达摩洛哥，东抵里海及波斯湾，北及奥地利和罗马尼亚，南及苏丹。在灭亡东罗马帝国后，定都君士坦丁堡（改名伊斯坦布尔），其皇帝以罗马帝国继承人自居，视自己为天下之主。奥斯曼帝国继承了古罗马及伊斯兰文明，东西荟萃，从其钱币纹饰可见一斑。

奥斯曼帝国极盛时期疆域示意图

☀ ☁ 💧 ❄　　　　· DATE ·　　/　/　/

奥斯曼帝国　金币

奥斯曼帝国　银币

阿富汗帝国（1747—1842）

阿富汗帝国又称杜兰尼王朝，始建于1747年，开国君主艾哈迈德沙·杜兰尼。阿富汗地处“亚洲的十字路口”，因此历史上的阿富汗地区先后被波斯人、希腊人、塞种人、大月氏人、白匈奴人、突厥人、塔吉克人、阿拉伯人、蒙古人等统治或部分统治。

独立发行的早期阿富汗钱币形式为折叠铜币，钱币图案有马刀、太阳花、鸟、狮子、双鱼以及孔雀等，大多铜币中的一面都有马刀图案，十分突出。

阿富汗帝国　铜币

☀ ☁ 💧 ❄ · DATE · / / /

阿富汗帝国　金币

☀ ☁ 💧 ❄ · DATE · / / /

阿富汗帝国 银币

伊朗卡扎尔王朝（1796—1925）

卡扎尔王朝为伊朗北部卡扎尔部落（现属土库曼人）首领阿迦·穆罕默德建立的王朝。卡扎尔部落是跟随萨法维王朝即桑德王朝创立者伊斯玛仪一世的军队来到波斯的7个突厥部落之一。阿迦·穆罕默德早年曾在桑德王朝宫廷中作人质，后桑德国王死去，他逃往北方，并乘桑德王朝后裔争夺王位之机扩张势力。1794年他攻破克尔曼，遂统治伊朗各主要省份，1796年加冕为伊朗国王，建都德黑兰。同年征服呼罗珊，1797年在苏撒要塞被仆人刺死。卡扎尔王朝统治时期，伊朗逐步沦为半殖民地国家。

伊朗卡扎尔王朝　金币

☀ ☁ 💧 ❄ · DATE · / / /

伊朗卡扎尔王朝 银币

伊朗卡扎尔王朝　银币

大蒙古国及诸汗国

13世纪时期，草原上的英雄成吉思汗以他坚韧不拔的毅力、勇气和海纳百川的胸怀统一了分裂的蒙古部落，最终通过领土扩张战争建立了一个东到太平洋，北抵北冰洋，西达黑海沿岸，南至南海，横跨欧亚大陆的“大蒙古国”。为了维护帝国的稳定，成吉思汗先后将他的儿子术赤、察合台、窝阔台、拖雷及其后代进行了分封，分别建立了金帐汗国、察合台汗国、窝阔台汗国和伊尔汗国，共同捍卫着“黄金家族”的无上荣誉。

大蒙古国疆域示意图

成吉思汗

14世纪至16世纪时期，帖木儿和穆罕默德·昔班尼作为“黄金家族”的后裔，先后在中亚草原上建立了帖木儿帝国和昔班尼王朝，为延续蒙古帝国的辉煌留下了浓墨重彩的一笔。

大蒙古国　金币

金帐汗国（1242—1502）

四大汗国中的金帐汗国是成吉思汗长子术赤及其次子拔都所建，疆域最为辽阔，其版图西到多瑙河下游，东到今额尔齐斯河，南达高加索，北到今俄罗斯保加尔地区。1242年定都萨莱（今俄罗斯阿斯特拉罕以北），正式建立金帐汗国。因国中活跃着大量的钦察人，故又名“钦察汗国”。萨莱是当时东西方文化交流的重镇和商业贸易中心。

14世纪后期，蒙古贵族为争夺金帐汗国国位而斗争不断，使汗国走向衰落和瓦解。15世纪20年代初，汗国分裂成9个相互独立的国家。1502年，克里米亚汗国攻入萨莱，将都城彻底破坏，金帐汗国灭亡。

金帐汗国　金币

察合台汗国（1227—1369）

察合台汗国，是成吉思汗次子察合台的领地，其主要辖区在天山南北，初时建都于阿力麻里附近的虎牙思（今新疆霍城县水定镇西北）。察合台汗国最盛时期的疆域东至吐鲁番、罗布泊，西及阿姆河，北到塔尔巴哈台山，南越兴都库什山，包括阿尔泰至河中地区。河中地区指阿姆河与锡尔河之间的大片地区，土地丰饶，是汗国的统治中心。后因民族信仰等问题，上层统治者间产生分裂，于14世纪中叶分为东西两部，1370年为帖木儿帝国所灭。

察合台汗国　银币

窝阔台汗国（1225—1309）

成吉思汗将额尔齐斯河上游和巴尔喀什湖以东地区册封给第三子窝阔台，于1225年定都叶密立（今新疆额敏县）。

公元1259年，阿里不哥称大汗后，忽必烈篡逆，双方战争反复进行了5年。1264年阿里不哥战败，忽必烈称帝。海都先后联合乃颜、笃哇争夺帝位。1301年兵败，汗国势衰。1309年，海都子察八儿被元朝军队打败，窝阔台所属的诸大藩部大部分归附金帐汗国，一部分被并入元朝。

窝阔台汗国　银币

伊尔汗国（1256—1335）

伊尔汗国为成吉思汗第四子拖雷之子旭烈兀于1258年攻入巴格达后所建。旭烈兀及其继承者自称“伊利汗”，突厥语“伊利”即“从属”之意。伊尔汗国的疆域以波斯和小亚细亚为中心，成为东自阿姆河，西濒地中海，北界里海、黑海、高加索，南至波斯湾的大国。既为欧、亚两洲文化荟萃之地，又是重要交通枢纽。首都为大不里士（今伊朗阿塞拜疆地区）。

合赞汗（1295—1304）时，进行了一系列改革：清除积弊，制定税率，整治驿站，鼓励农桑，统一货币及度量衡，加强法制，提倡文治，是汗国最盛时期。同时合赞汗为争取当地领主和穆斯林的支持，改奉什叶派伊斯兰教为国教，废除“大汗”称号而改称“苏丹”，加速了当地蒙古人的伊斯兰化进程。1335年，不赛因死后无嗣，汗国走向分裂瓦解。

伊尔汗国　金币

☀ ☁ 💧 ❄ · DATE · / / /

伊尔汗国 银币

☀ ☁ 💧 ❄ · DATE · / / /

伊尔汗国 银币

后　记

从长安到罗马，从东亚到西欧，丝绸之路上每个古国的钱币都包含了本民族的文化、地域特色，它们不仅见证了东西方之间的物质贸易，也承载着文化交流的信息。重见天日的古币让人驻足流连其间，人们感受到绵延万里的丝绸之路古国间贸易的兴盛及其文化的百花齐放，展现出“货币上的丝绸之路”的别样风情。

书中展示的丝路古币，其时代从古代希腊、罗马到近代的阿富汗、伊朗王国和东印度公司。欧亚大陆上无数的古国虽然消逝在历史的长河之中，却因丝绸之路而留下了众多宝贵的金属货币，昭示着曾经的繁荣和辉煌。

丝绸之路古币以时间为纵轴，以地域为横轴，串起“丝绸之路”沿线出土和传世的钱币，以及各国、各地区、各时期的历史背景，把小小钱币毫厘天地所见的人文地理 、风土人情、王朝更替和传说故事进行诠释，旨在多样化地展现丝绸之路数千载的历史画卷。

一枚枚的钱币或聚或散，其质地金、银、铜等各异，给读者以丝路“泉语”之感，展示了不同地方的文化、宗教或艺术的特色，可谓异彩纷呈。

丝绸之路古币，许多是近年来才重见天日的珍贵货币，它们不仅是那些曾经活跃而今已消失的古国或古文明的见证，还对建立今天乃至未来的多元、包容的人类“对话之路”具有重要启示。

图书在版编目（CIP）数据

丝绸之路 钱币日记 / 徐宏宪编写. —西安：陕西人民美术出版社, 2015.1
ISBN 978-7-5368-3162-9

Ⅰ. ①丝… Ⅱ. ①徐… Ⅲ. ①丝绸之路 - 史料②货币史 - 中国 - 古代 Ⅳ. ①K928.6②F822.9

中国版本图书馆CIP数据核字(2014)第311150号

丝绸之路 钱币日记

编　　写　徐宏宪
出版发行　陕西出版传媒集团　陕西人民美術出版社
出 版 人　李晓明
经　　销　新华书店经销
印　　刷　陕西金和印务有限公司
开　　本　889mm × 1194mm　1/32
印　　张　6
字　　数　100千字
版　　次　2015年1月第1版
印　　次　2015年1月第1次印刷
印　　数　1-6000
书　　号　ISBN 978-7-5368-3162-9
定　　价　25.00元